走遍世界
很简单

ZOUBIAN SHIJIE HENJIANDAN

沙特阿拉伯大探秘

SHATEALABO DATANMI

知识达人 编著

成都地图出版社

图书在版编目（CIP）数据

沙特阿拉伯大探秘 / 知识达人编著 . — 成都 : 成都地图出版社 , 2017.1（2021.5 重印）
（走遍世界很简单）
ISBN 978-7-5557-0277-1

Ⅰ . ①沙… Ⅱ . ①知… Ⅲ . ①沙特阿拉伯—概况
Ⅳ . ① K938.4

中国版本图书馆 CIP 数据核字 (2016) 第 079837 号

走遍世界很简单——沙特阿拉伯大探秘

责任编辑：游世龙

封面设计：纸上魔方

出版发行：成都地图出版社

地　　址：成都市龙泉驿区建设路 2 号

邮政编码：610100

电　　话：028－84884826（营销部）

传　　真：028－84884820

印　　刷：唐山富达印务有限公司

（如发现印装质量问题，影响阅读，请与印刷厂商联系调换）

开　　本：710mm×1000mm　1/16

印　　张：8　　　　　　　　字　　数：160 千字

版　　次：2017 年 1 月第 1 版　　印　　次：2021 年 5 月第 4 次印刷

书　　号：ISBN 978-7-5557-0277-1

定　　价：38.00 元

前　言

　　美丽的大千世界带给我们无限精彩的同时，也让我们产生很多疑问：世界上到底有多少个国家？美国到底在什么地方？为什么奥地利有那么多知名的音乐家？为什么丹麦被称为"童话之乡"？……相信这些问题经常会萦绕在小读者的脑海中。

　　为了解答这些问题，我们精心编写了这套《走遍世界很简单》系列丛书，里面蕴含了世界各国丰富的自然、地理、历史以及人文等社会科学知识，充满了趣味性和可读性，力求让小读者掌握最全面、最准确的知识。

　　本系列丛书人物对话生动有趣，文字浅显易懂，并配有精美的插图，是一套能开拓孩子视野、帮助孩子增长知识的丛书。现在，就让我们打开这套丛书，开始奇特的环球旅行吧！

路易斯大叔

美国人，是位不折不扣的旅行家、探险家和地理学家，足迹遍布全世界。

多多

10岁的美国男孩，聪明、活泼好动、古灵精怪，对一切事物都充满好奇。

米娜

10岁的中国女孩，爸爸是美国人，妈妈是中国人，从小生活在中国，文静可爱，梦想多多。

目 录

目 录

路易斯大叔身边堆放了很多地理杂志，翻阅这些杂志成了他每天的必修课。要知道路易斯大叔对大自然充满了好奇，他的理想是走遍整个世界，阅尽全球美景。

在路易斯大叔的脑子里，不知道储存了多少地理知识，无论走到哪里，他总会给人讲上一段，给人很多意外的收获。

多多和米娜喜欢跟在路易斯大叔身边，听他天南海北地讲这讲那，也从中掌握了大量的知识。别看他们

年龄不大，说起哪个国家，哪个地区，倒也滔滔不绝，头头是道，俨然两个小小的地理学家呢！

不过，让多多和米娜最感兴趣的不是阅读那些杂志，也不是跟着路易斯大叔高谈阔论，而是跟着路易斯大叔进行实地旅游。路易斯大叔领着他们走过了好多地方，每一个地方都给他们留下了美好的记忆。

"路易斯大叔，我们什么时候去沙漠里看一看呢？"多多说，"咱们走过那么多地方，还从未到过沙漠呢。"

"我既想到那里，又怕到那里去。"米娜在一旁说，"没去的地方总是有一种神秘感，我就想去探一探，可是，想起沙漠就心慌。那里只有一大片无边无际的黄沙，没有水，没有生命，仅有的绿色也不过是些单调的灌木；再有，沙漠里还有风暴，一旦刮起来，会把人也吹走的，要是一不小心迷了路，那就……"

"哈哈哈……"路易斯大叔在一旁笑了起来，"我的小公主，你怎么忽然胆小起来了？要知道，沙漠里还有奇异的绿洲，有玄幻莫测的海市蜃楼，还有古老的文明，以及现代化的城市。"

"这……可能吗？"米娜听了路易斯大叔的话，觉得难以置信。

"好吧，既然你不相信，咱们就好好准备准备，去沙漠里感受一下大自然的神奇，品味一下沙漠的奇观！"

多多在一旁高兴得"嗷嗷"乱叫，手舞足蹈的样子令人看了发笑。

路易斯大叔要领着两个小家伙到哪里一游呢？他们会有怎样的传奇经历呢？请小朋友在书中寻找答案吧！

第1章

奔向沙特阿拉伯

经过几天的充分准备，路易斯大叔和多多、米娜踏上了去沙特阿拉伯的旅途。

飞机就像一只无比庞大的白天鹅，在天空中静静地飞行着，把一朵又一朵洁白的云彩甩到了后面。

灿烂的阳光透过明净的机窗，照在乘客身上，暖暖的，很舒服。也许是飞行时间太长的缘故吧，不少乘客已进入了梦乡。多多和米娜因为好奇，一丝睡意也没有，一路上喊喊喳喳说个没完。

"多多，沙特阿拉伯这个名字听起来怪怪的……"

"这有什么古怪的？"多多显出一副百事通的样子说，"'沙'

是沙漠，'特'是特别；阿拉伯根本就是一个民族，就像美国的印地安族，中国的汉族一样，所以……"

米娜接过他的话头，说："那'沙特阿拉伯'莫非是'沙漠里有一个特别的民族'的意思？"

路易斯大叔听了，不禁笑了起来："哈哈哈……多多，可不是那么回事哟。"

"什么？不是那么回事？难道我的解释错了？"多多不解地问。

"是啊，你弄错了。"路易斯大叔和蔼地说，"'沙特'是一个完整的词，是不能分开解释的，就像'玻璃'就是一个词一样，合起来才能表达一个意思。你们可能不知道，沙特王国的创始人叫伊本·沙特，后世的人为了纪念这位伟大的人，于是给这个国家取名叫沙特阿拉伯。其实，'沙特'在阿拉伯语中是'幸福'的意思，而'阿拉伯'才指'沙漠'啊。"

"这个——那'沙特阿拉伯'就是'幸福的沙漠'喽？"多多搔搔头，不好意思地笑了。

"可不是？沙特阿拉伯是一个美丽的国度，一个富裕的国度，生活在那里的人民都很幸福。"路易斯大叔抽了抽鼻子，眯着眼睛，深情地说着，好像想起了什么令他神往的事情。

"路易斯大叔，你去过沙特阿拉伯吗？"米娜问道。

"去过。"路易斯大叔耸了耸肩膀说，"不过，那是很久以前的事情了。"

　　"你给我们讲一讲沙特阿拉伯的情况吧。"米娜兴奋得几乎要跳起来。米娜是一个拥有好多梦想的女孩，对于一切陌生的东西充满了好奇。

　　路易斯大叔没有马上回答她，而是把目光转向多多，说："多多，把你知道的情况说一说吧。"

　　多多有很强的表现欲，于是说："这可不是什么新鲜事了，我闭上眼睛都知道沙特阿拉伯的基本情况，它位于亚洲的西部，所处的半岛叫阿拉伯半岛……"

　　米娜突然打断了多多的话，问道："什么是半岛啊？"

　　"这——"多多被米娜这个突如其来的问题难住了，结结巴巴地说，"嘿嘿，我只是看过这些资料，还没有弄懂什么是半岛。路易斯大叔，您看——半岛是不是把一个岛平均分成两份了呢？"

　　"哈哈哈……半岛嘛，其实是这么一回事。"路易斯大叔爽朗地笑着，随即取出一块手绢放在膝头，比画着说，"你看，这是一片陆地，它的三面被水包围着，剩下的一面呢，与大陆相连，这样的陆地就叫半岛。"

　　"我想起来了，姥姥就生活在半岛上呢。"米娜很高兴，她双手舞动着，好像要飞起来一样，"姥姥是山东人，她生活的那个地方被称作山东半岛呢。"

　　多多好羡慕米娜有一个住在半岛的姥姥，他不禁咂了咂嘴巴，继续说："不过，阿拉伯半岛是世界上最大的半岛呢，整个半岛有300多万平方千米呢！"

　　"哇，好大呀。"米娜看着多多，努力地想象着这该是一片多么广袤的土地。

　　"为了这次沙特之行，我可是在地图前待了好长时间，所以，我现在要告诉你，沙特的东面是著名的波斯海湾，西面是红海。它的国土面积差不多是中国国土面积的1/4，却有一半的地方是沙漠。比如沙特的南部有鲁卜哈利沙漠，北部有内得夫沙漠……"

　　米娜再一次打断多多的话，说："现在，我终于明白这个国家为什么叫'沙特阿拉伯'了。"她看了看多多，不好意思地说，"对不起，多多，我不是故意打断你说话的。"

多多并不在意，继续他精彩的讲解："沙特是个盛产石油的国家，我们都称它为'石油王国'呢。你知道它的首都是哪里吗？告诉你吧，是利雅得，听说那可是个很美丽的城市呢。"

"多多，你是怎么记住这些知识的啊！"米娜对多多真是佩服到家了，"你还知道什么啊？"

"呃——"多多张了张嘴巴，尴尬地笑了笑，说，"其实我就知道这些，现在我有点渴，只是想喝点水。"

说来也巧，空姐这时候正好端着各种饮品过来了。她微笑着把一小瓶水递到多多手中，说："你真了不起，都可以做沙特的导游了。"

多多连忙说了声"谢谢"，接过水，喝了一小口，只听那边路易斯大叔说："时间过得真快啊，我们就要到利雅得机场了。"

　　多多和米娜下意识地向舷窗外瞧了一眼，只见一望无际的荒漠里，出现了一座生机勃勃的城市。哦，沙漠原来不是米娜想象的那么荒凉，这里出现的大城市跟其他国家的大城市几乎没什么两样。

　　"哈哈……利雅得，我们来了。"多多和米娜顿时兴奋地大叫起来。

第2章

走进利雅得

徜徉在利雅得的大街上，到处都是奇异的清香，满眼都是亮眼的青翠，满世界都是林立的高楼。这里没有一丝沙

漠的荒凉，而是一派生机勃勃的景
象。

　　"奇迹，真是一个天大的奇
迹！"多多情不自禁地赞叹道。

　　沙特人是怎样在沙漠里建造起这样一座现代化的城市的呢？"米
娜随即问道。

　　"一口吃不成胖子，这当然要经历一段艰难的历程。"路易斯大
叔一边欣赏着眼前的美景，一边说，"利雅得过去可是个名不见经传
的小地方。在广袤的大沙漠里，它小得几乎在地图上都很难找到，一
座占地不足一平方千米的沙漠小城，那可是没有人来关注的。可是，
石油的发现改变了这里的一切。在这个人类生活已离不开石油的时
代，石油让沙特的经济状况发生了翻天覆地的变化。于是，利雅得，
这座曾经不被人看好的小城，渐渐地变成了阿拉伯乃至全世界著名的
城市。漫步于这座城市，多像漫步在美丽的花园里一样啊。"

　　明媚的阳光投射下来，天空显得湛蓝异常。不过，米娜却没有感到夏天的炎热，这时她才发现，大街的两侧生长着很多高大的树木。其中，有一种树就像一把大大的遮阳伞，整齐地排列着，每棵树都有两层楼那么高。

米娜走上前细瞧，只见树的主干呈圆柱形，通身上下没有一根枝丫，一直到树顶端才有碧绿的树叶层层展开。叶子的样子嘛，米娜觉得就像人们常用的那种蒲扇，不过比蒲扇大了许多，也长了许多。

"这是什么树啊？"米娜在经过一棵大树的时候，好奇地问道。

"米娜，你不是在开玩笑吧。"多多笑着说，"你不会不知道这是棕榈树吧？"

"棕榈树？我以前只是听说过，从来没有这么近距离地接触过。"米娜更加好奇，绕着大树仔细地瞧着，都不想往前走了。

"这棵棕榈估计有三层楼高吧。"路易斯大叔比画了一番说，"米娜，要是你查阅一下相关的资料，就

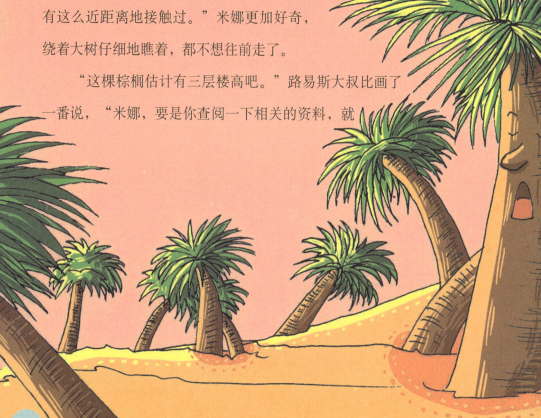

会发现这种树的故乡其实在中国。提起这棕榈树，它的作用可真不少呢，比如咱们经常食用的棕榈油就是从棕榈树的果实里榨出来的。你不是喜欢背古诗嘛，有一句古诗这样写道——归来饭饱黄昏后，不脱蓑衣卧月明。诗中的蓑衣就是用棕榈树的叶子做成的。"

听了路易斯大叔的介绍，米娜心里可真高兴，没想到，这种高大的树木竟然来自于自己的祖国。那一刻，她对棕榈树产生了一种浓浓的亲切感。

多多惊奇地发现，在利雅得的大街小巷，角角落落，到处都是绿色。在多多的心里，沙漠毕竟是沙漠，即使有点植物，也不过是沙漠里特有的罢了，比如胡杨、仙人掌、红柳……而且数量也一定少得可怜。

而此刻，多多仿佛走进了一个庞大的植物王国，满眼的绿色都让他有点目不暇接了。

"难以置信，我们现在是在沙漠里？"多多自言自语地说。

"那当然了。不过，这里是沙漠中的绿洲。"路易斯大叔很喜欢这个对什么都很好奇的小家伙，继续解释说，"绿色森林是地球的肺，对于沙漠地带来说，绿化更是尤其重要。一则可以防风沙，二则可以减少太阳辐射，三则可以美化环境……利雅得人一直以来十分重视绿化，他们十分珍惜每一寸空地，能栽树的地方就栽树，能种草的地方就种草，你看那些陡直的墙壁，上面也爬满了藤萝。"

多多说："米娜，要不是这些绿草绿树，我们恐怕早就中暑了吧！"

孩子们的阵阵欢笑声从一旁传来，大家循声看去，只见不少孩子在那边开心地玩着。

"那里竟然有喷泉!"米娜和多多毕竟是孩子,见到水就无比欣喜,于是也跑过去玩水。喷泉冒出来,流向远处,形成了一股清清的泉水,水边上的孩子们尽情享受着这份难得的凉爽,嘻嘻哈哈的打闹声此起彼伏。

　　"水是生命之源,它是调节气温的好帮手。你们看,在利雅得的好多地方,都会有喷泉出现。"路易斯大叔解释说。

　　"可是,路易斯大叔,怎么说这里也是沙漠地带呀,哪里来这么多水呢?"米娜不解地问。

　　"这可难不倒利雅得人。"路易斯大叔说,"利雅得人可是利用雨水的高手。"

　　"雨水？"米娜和多多异口同声地说，"在沙漠里，每年的雨水又能有多少呢？"

　　"当然不会很多。不过，积少成多的道理你们懂吧？"路易斯大叔反问道。

　　两个小家伙点点头。

　　路易斯大叔继续说："利雅得人是很认真的，他们做什么事情都是很用心的。比如，为了利用这些不多的宝贵的雨水，利雅得人投入巨款修建了一座高大的水坝。水坝有多么高大，你们很难想象——它足足有4层楼那么高。要说长度呢，都够得上一个小型的运动场的跑道了。这个大水坝的功能就是把所有的雨水蓄积到一起。谁也不会想到，看起来不起眼的雨水除了能保证整个城市所有植物的用水量，另外还可以建不少喷泉呢。"

"不可思议。"多多惊讶地说，"这哪里是沙漠，分明是人间天堂啊！"

"你才转了多大点儿地方啊，就这么恋恋不舍了。"路易斯大叔说，"利雅得这个绿意盎然的大都市，城市现在的规模达到了以前的300多倍！坐在飞机上，凌空鸟瞰，那可

是一幅令人心动的美景啊……"

"这简直就是一个超级大花园！"多多不无羡慕地说。

米娜在一旁听呆了，忽然拍了一下脑袋，若有所思地说："路易斯大叔，我想起来了。"

"你想起什么了？"路易斯大叔问。

"利雅得，在阿拉伯语中本来就是'花园'的意思啊！"米娜激动地说。

"是的。那今天，就让我们在这个世界级的"花园"里欣赏个够吧！"路易斯大叔拉着两个可爱的小家伙的手向前走去……

神奇的沙漠植物

在远离沙漠的人看来，沙漠里几乎没有动植物，是一个十分荒凉的世界。其实，沙漠里有植物，虽说数量不多，但品种还不少呢。比如除了我们熟知的仙人掌外，还有光棍树、芦荟、胡杨、梭梭树……

沙漠地带少雨，高温，气候十分干燥。为了适应这里的气候，沙漠植物的叶子一般都很细小，这样可以最大限度地减少水分的流失。像仙人掌的叶子，已经进化成坚硬的针状了。

利雅得政府有效地利用雨水资源，种植了很多植物，这为人类如何更好地改造沙漠、有效利用沙漠资源提供了借鉴。

第3章

王国大厦上的比赛

"多多，昨天晚上你看到过一个巨大的高脚杯吗?华丽璀璨，耀眼夺目，好迷人啊！"米娜问多多。

"巨大的高脚杯?"多多摇摇头说，"没有。我倒是看见

了一个巨人……"

　　"你们看到的一定是王国大厦！"路易斯大

叔刚洗过脸，正打算剃一剃胡子，脸上涂满了剃须膏，看上去就像

一个小丑，逗得两个孩子哈哈大笑。

　　"王国大厦？"多多说，"这是一幢什么样的大厦呢？"

　　"参观一下不就知道了吗？"米娜开始催促路易斯大叔，"路易

斯大叔，收拾好了吗？"

　　经过一番简单的收拾，路易斯大叔领着两个小家伙直奔王国大厦。

　　"哇，怪不得我看它像个巨人呢！"多多到了王国大厦跟前，仰

头望着这个顶天立地的巨型建筑，忽然想起了昨天夜里看到的情景：利雅得灯火辉煌，有一处特别显眼，那里的一个高大的建筑物通身明亮，就像一个穿着镶满钻石的衣裙的美女，亭亭玉立。

"这楼一共100层呢，多多。"路易斯大叔说，"300多米高啊。"

"这有什么呢！"多多是一个喜欢挑战极限的孩子，于是兴奋地建议道，"路易斯大叔，咱们今天是不是来一次爬楼比赛呢？"

"比赛？"路易斯大叔看着多多，就像在看一个怪物。

　　"有意思，路易斯大叔，咱们来一次登高比赛吧。"米娜也在一边推波助澜。

　　路易斯大叔不得已，只好说："好吧，但是要注意一点，千万不要逞能，硬着头皮坚持爬这么高的建筑，会把自己累坏的。"

　　路易斯大叔话音刚落，两个小家伙就争先恐后地冲了出去。

　　多多毕竟是男孩子，比米娜领先了一步，率先跑到里面去了。他迅速穿过一楼大厅向上面爬去。但是，他瞬间就被里面的空间所吸引，不由得放缓了脚步。多多看见粗大的柱子一尘不染，宽大的玻璃透明得几乎和不存在一样；敞亮的通道，简直就是宽阔的跑道……真是太雄伟了。

　　他甚至忘记了自己正在跟路易斯大叔和米娜比赛登高呢，好像是来这里散步似的。当他从专注的欣赏中回过神来的时候，路易斯大叔和米娜早就跑得无影无踪了。

　　多多于是加快了步伐向上跑去，可是，又上了几层之后，他又不乐意爬了。原来，从外观上看，王国大厦通体一个样，但进入内部，他才发现里面五花八门的，好不热闹。

　　多多只好停下来，一个劲儿地瞧啊瞧，他看到了一个奢华的大酒店，莫非这就是传说中的四季酒店？里面人来人往，客人们说着世界各地的语言，一个个看起来挺忙碌的。酒店不远处是一个宽敞的零售空间，里面摆满了各种神奇的礼品和日常用品，来这里采购东西的人虽然不多，但每一个都高贵、优雅，看上去颇有风度。

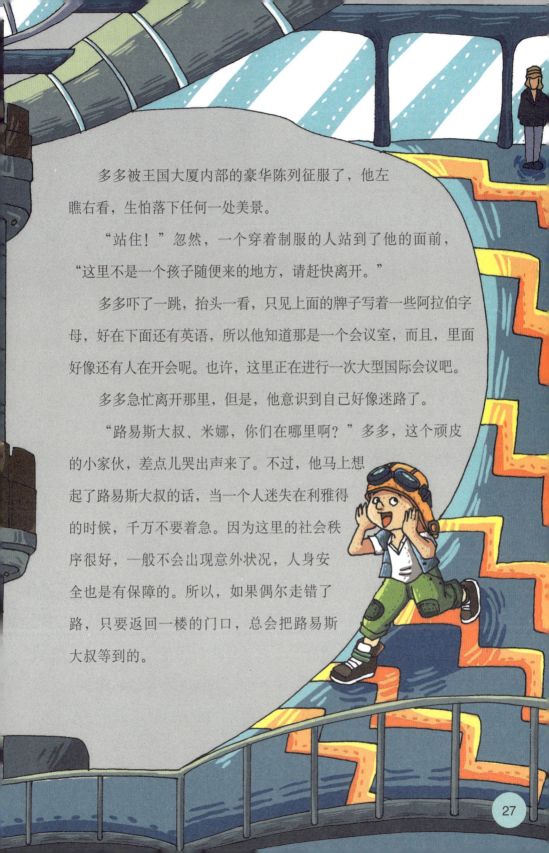

　　多多被王国大厦内部的豪华陈列征服了，他左瞧右看，生怕落下任何一处美景。

　　"站住！"忽然，一个穿着制服的人站到了他的面前，"这里不是一个孩子随便来的地方，请赶快离开。"

　　多多吓了一跳，抬头一看，只见上面的牌子写着一些阿拉伯字母，好在下面还有英语，所以他知道那是一个会议室，而且，里面好像还有人在开会呢。也许，这里正在进行一次大型国际会议吧。

　　多多急忙离开那里，但是，他意识到自己好像迷路了。

　　"路易斯大叔、米娜，你们在哪里啊？"多多，这个顽皮的小家伙，差点儿哭出声来了。不过，他马上想起了路易斯大叔的话，当一个人迷失在利雅得的时候，千万不要着急。因为这里的社会秩序很好，一般不会出现意外状况，人身安全也是有保障的。所以，如果偶尔走错了路，只要返回一楼的门口，总会把路易斯大叔等到的。

　　有了这些想法，多多不再害怕了，于是鼓起勇气，又向上爬去。

　　爬啊爬，多多实在累得不行了，气喘吁吁地扶着扶手歇脚。这里的楼道几乎没有一个人了，大家都是乘着电梯上下的。

　　多多无意向窗外看了一眼，啊，虽说还没有到达王国大厦的顶层，但整个利雅得的景色已经尽收眼底了。整齐的街道、密密麻麻的小楼、高大的棕榈树……啊，多多难以用语言描述自己的心情了。他真想路易大叔他们也在跟前，可以和大家一起分享这份快乐。

　　楼道的另一边传来嘈杂的声音，听起来好像有好多人，多多按捺不住好奇心，悄悄走过去想要看个究竟。原来，那里是一个豪华的婚礼大厅。王国大厦的婚礼大厅是世界闻名的，能到这里举行婚礼的人，一定不是普通人，多多看着一对正在举行婚礼的年轻人想。

　　那是一个十分宏大的场面，多多还没有见过这样奢华壮观的情景。他不由得看呆了，当一个服务员走到他跟前的时候，他丝毫没有注意到。

"你好，小朋友。"服务员用标准的英语对他说，"为什么不进去呢？找不着妈妈了？"

多多急中生智，把食指放在嘴唇上，"嘘"了一声，然后低声说："捉迷藏。"

服务员微笑着走开了。

在整个攀爬过程中，多多领略了自己从未领略过的美景：王国大厦里诸多一流的办公室、独特的五星级的酒店、豪华的套房……

"爬不动了，我实在爬不动了。"多多几乎要躺到地板上了，他气喘如牛，一个劲儿地抚着胸口。

"多多，你怎么才到这儿啊？"忽然，多多听到了米娜的声音，"我们已经从上面转下来了。"

　　“你们怎么爬得那么快啊？”多多一字一顿地问。

　　“我们爬了一会儿，累得不行了，于是乘了电梯……”米娜不好意思了。

　　“啊？怪不得这么快呢！”多多笑呵呵地说，“不过你们输了，你们输了。”

　　米娜笑了笑，一个劲儿地说着他们刚才

的见闻，以及那种前所未有的感受。这次美好的经历一定会深深地印在他们的脑海吧。

"路易斯大叔，扶着我乘电梯吧，我连呼吸的力气都没有了。"多多央求道。

路易斯大叔爱怜地把多多抱起来。多多累极了，就在路易斯大叔的怀里睡着了，脸上挂着迷人的微笑……

王国大厦

　　每个城市都有自己独特的建筑，利雅得的标志性建筑就是王国大厦。这个大厦矗立在利雅得市中心，其高度在中东名列第二，颇为出名。

　　王国大厦的出名不仅是因为它的高度和奢华，更为神奇的是，这个大厦是建在沙漠上的，仅凭这一点便称得上奇迹了。沙漠地带地质特殊，常年的风沙和强光，以及疏松的地基，每一处都给建筑师提出了难题。不过，他们克服了重重困难，实现了人类的又一个梦想。

　　王国大厦的顶端是两个部分组成的，建设者别具匠心，用一条顶桥把它们连在一起，既美观，又起到了稳定的作用，令人叹为观止，拍案叫绝。

第4章

再游利雅得

一连休息了好几天，多多才缓过神来。

是的，他们都累了，但因为他们有过一次快乐的旅行，所以尽管

身体很累，但他
们内心很快乐。

　　"多多，你有没有听到沙漠里呼
呼的风声？"米娜说，"在王国大厦听
风，那才叫刺激呢。"

　　"可我没有爬到顶楼去，我会遗憾
一辈子的。"多多羡慕地说，"路易斯
大叔，那么高的建筑，如何克服沙漠里
的风暴啊？"

　　"这就是设计者的技
巧了。"路易斯大叔说，
"你不是说王国大厦像个
巨人吗？你不是看到巨人
高举的双臂了吗？设计者

在那里巧妙地设计了一个空洞，这样，风就可以从容地通过，于是有效地减少了对王国大厦的压力。"

"我们在顶楼鸟瞰了整个利雅得，那情景，真是太壮观了。"米娜说。

"我却没有看到。"多多伤感地说，"不过，我看到了世界上最大的婚礼殿堂，还看到了一场盛大的婚礼。"

"啊？真的吗？"米娜看着多多，满眼都是亮光，惊讶之态跃然脸上，她又回过头来说，"路易斯大叔，都是因为我们乘了电梯，错过了那场视觉大餐啊。"

"呃——这个，可不是，不过——"多多说，"米娜，等你长大了，就来这里举行最隆重的婚礼，好吗？"

米娜双手放在胸前，她仿佛沉浸在婚礼的一片欢腾之中，那个身穿洁白婚纱的新娘莫非就是多年以后的自己？

"王国大厦可能是世界上最为繁忙的建筑之一，那里不仅有世界上最豪华的婚礼大厅，还是利雅得的经济金融中心，里面的空间如此之大，功能如此之

多，真是罕见啊。"路易斯大叔看见米娜会心地笑了，继续说，"王国大厦令人叹为观止，而为了建造这个神奇的建筑，沙特花了20多亿沙特里亚尔呢。"

"沙特里亚尔？"米娜不解地问，"沙特里亚尔是什么意思？"

"就是沙特的货币单位。"路易斯大叔说，"就像美国的美元、中国的人民币一样。20亿沙特里亚尔可是个天文数字，要是折合人民币，大约34亿元呢！"

"哇噻，34亿——那又是多么大的一笔钱呢！"米娜几乎没法想象这个庞大的数目究竟代表多少，她着实被这个数目吓了一大跳。

"路易斯大叔，我实在想象不出，那些设计者是怎么做到这一切的。比如王国大厦既能抗沙尘暴，又能抗强烈的阳光……"多多说。

"关键是这里还能举办特大规模的婚礼。"米娜还在为自己不能亲眼目睹多多所说的婚礼而遗憾不已。

路易斯大叔又发出爽朗的笑声，说："正因为王国大厦有如此魔力，所以人们才把它归在世界新七大奇迹之一啊！"

米娜坐不住了，对路易斯大叔说："路易斯大叔，咱们再出去好好逛逛吧，利雅得真是太诱人了。"

"好吧。"路易斯大叔说，"咱们再游一次利雅得！"

路易斯大叔租了一辆车，亲自开车奔向利雅得大街。大街上的行人不是很多，两侧的商铺楼也不高，或三层或五层，鳞次栉比，很是精致。这些具有特殊风格的建筑线条简洁，棱角分明，每一处都是一个大型的几何体，而组成这个大几何体的，又是很多小几何体，形态各异，令人赏心悦目。

米娜不时被那些艳丽多姿的广告牌吸引，张着两只大大的眼睛，

左顾右盼。她注意到这里装饰图案最多的是莲花瓣，请教过路易斯大叔，才知道这是典型的伊斯兰风格。

"看，巨笋！"米娜尖叫道。

"我感觉那是一把直指苍穹的宝剑！"多多说。

"这就是著名的费萨尔尖塔。"路易斯说。在蓝天白云的映衬下，费萨尔尖塔显得雄浑、伟岸。可是，因为它矗立在王国大厦跟前，也就不那么突出了。"

汽车一路奔驰着，他们穿过奥林匹克综合运动场，又路过了好多清真寺。穿着奇特的沙特人

来来往往，时不时礼貌地向他们打着招呼。沙特风情尽现眼中，令米娜和多多难以忘怀。

汽车在一个造型特别的地方停了下来。米娜和多多以最快的速度跑过去，仔细瞧了起来。

"这是世界上最大的'书'了吧。"多多指着一个高大的书形建筑说，"它应该被记录在世界吉尼斯大全里。"

"展开的书页，巧妙地置成了一扇洞开的大门，长廊幽幽，宽敞明亮。"米娜说，"路易斯大叔，这是什么地方啊？"

"这是沙特的最高学府——沙特国王大学。"路易斯大叔解释道，"这可不是普通人能随意出入的地方，为了保障出入这里的人的安全，里面皇家包厢的玻璃都是防弹的。"

"哇——这也太奢华了吧。"米娜说。

"谁让这里是沙特呢！"多多说，"如今的沙特可不比从前了，它成了世界最富裕的国家之一。

路易斯大叔，我听说这所大学里有一条长近千米的走廊，可以并排通过十几辆小轿车啊。而且，这个走廊是用马赛克铺陈出来的，辉煌气派，那种气势就可以把一个胆小的人吓倒。还有，这个长廊的两侧好像并排排了数万根的大理石柱，据说每根都有7层楼那么高呢。路易斯大叔，是这样的吗？"

路易斯大叔点了点头，示意该走了。利雅得是一座很大的现代化城市，把那些标志性的地方参观完就需要很长时间。

米娜累了，多多也累了，三个人都累了。于是，路易斯大叔领着两个小朋友走进了一个别致的咖啡厅。多多和米娜各要了一份饮料，路易斯大叔要了一份咖啡。

"嗯，不错。"路易斯大叔一边品着咖啡，一边点着头说，"说甜不甜，说苦不苦，好像有一股浓浓的姜味。"

休息好了之后三个人回到旅馆，心情舒畅地躺在床上，共同回味这几天的所见所闻。

利雅得这座建在沙漠里的城市，给这三个远方来客多少欣喜啊。

利雅得人的生活

　　十里不同风，百里不同俗。利雅得人有自己的一套生活方式。他们富有，所以奢华，但生活相对单调。在利雅得很难看到电影院、夜总会这样的娱乐场所。特别是在公共场所，严格禁酒，男女不可一起娱乐，甚至不能互相说话和打招呼。

　　沙特的妇女有其特定的服装，出门时披黑袍、罩面纱，她们只能参加特定的工作。她们是不可以独自上街的，即便只是逛商店也必须有家庭男性成员相陪。而在公园、动物园、儿童游乐园等活动场所，男性必须携女眷同行才可入内。

第5章

激情红沙漠

　　路易斯大叔一觉睡醒，揉揉眼睛，又伸了个大懒腰，这才不情愿地坐了起来。咦，好像缺了点什么，到底缺了什么呢？对对对，缺了两个"小喇叭"。黎明难得静悄悄，米娜哪里去了，多多哪里去了？

　　但又一想，没什么大不了的，那两小家伙每天都会玩出新花样的，路易斯大叔暗自揣测。

　　路易斯大叔洗了脸，刷了牙，又把剃须膏均匀地抹到脸上，然后坐下来说："快出来吧宝贝儿，我知道你们藏在哪里了。"

　　没有回应，连一丝回应都没有。米娜淘气的"咯咯"声哪里去了？

　　路易斯大叔感觉到气氛有点儿不对，他用最快的速度把胡子大略剃了一遍，各个房间找了一遍，最后只发现孤单单地躺在茶几上的小纸条，上面写着："亲爱的大叔，我们听说利雅得附近有一片红沙漠……"

　　迷路了怎么办？累了饿了怎么办……天哪，谁知路上会发生什么

情况？路易斯大叔想得快冒冷汗了，他赶紧拿起车钥匙，飞快向车库奔去。

这个时候，多多和米娜正坐在一辆出租车里，百般憧憬着前方的红沙漠。

"沙漠为什么会是红色的呢？米娜你知道吗？"多多问道。

"一个女孩子穿一件红色的外衣，不就变成红衣女孩了吗？所以说，沙漠是红色，主要是因为这里的沙子穿了一件红红的外衣。"米娜回答。

多多才不相信："哦，沙子穿衣服，米娜可真会胡思乱想。"

"听着多多，我不仅知道沙子穿了衣服，我还知道那件衣服的名字叫什么！"米娜分辨道。

多多："叫什么？"

"沙子的红衣服名叫氧化铁，当沙子里氧化铁足够多的时候，

整个沙漠也就呈现大片大片的红色。"米娜说着，盯着多多，又问，
"怎么，还不服气吗？"

多多回过头来，问米娜："氧化铁，氧化铁是什么东西啊？"

"氧化铁就是铁锈呗。"米娜继续说，"多多，你不会没见过那
东西吧？"

"铁锈？嗨，它呀，炒菜锅的常客。"多多拍拍脑袋，好像恍然
大悟了。

米娜："能快点吗？司机叔叔，我们太期待郊外的红沙漠了！"

多多："是啊是啊，中午之前还要赶回去，不然路易斯大叔一定
会急死的。"

……

"到了，这就是利雅得著名的红沙漠区。孩子们，祝你们玩得开
心！"司机叔叔说完，跟他们挥挥手，开着车走了。

多多和米娜早已等不及了，只见他们飞快奔向梦里才看过的红沙

漠，如同两匹小马看到了青青的大草原。

"哇，好干净的沙子，好像水洗过一样干净！真想倒在上面打个滚！"多多兴奋地说。

米娜一把拉住了多多："不可以，会被沙子迷眼的，再说了，打滚是小毛驴该做的事情。"

多多有点扫兴："好吧，那就不学小毛驴。可是沙子真的好干净，为什么会这样呢？"

米娜："因为沙漠里只有沙子，而那些细碎的尘土已经被风吹跑了——多多你要干嘛？"

多多："脱鞋呀，让我的脚丫子好好洗个沙浴！"

"不行不行，如果你的脚被沙子硌伤了，我可没法背你回去。"米娜说。

多多："啊，这不行那不行，我能做点什么？"

米娜："来呀多多，我们唱歌跳舞吧！"

……

"四腿长长肚子弯，

背上驮着两座山。

冬天反穿大皮袄，

夏天呀把单衣换。

一次吃饱水和草，

几天不饿口不干。

驮着重担走沙漠，

不怕烈日和风寒。

我的名字叫骆驼，

外号就叫'沙漠里的船'。"

米娜的歌声好像百灵鸟，多多弓起身子学骆驼，他们玩得开心极了，还引来了一位沙特叔叔听歌看表演。

　　"多多，你知道黄色沙漠是怎么回事吗？"米娜根本没有停下她手里的活儿，顺便问道。

　　"这个——"多多挠了挠头说，"你让我想想——呀，亲爱的叔叔，您知道黄沙子为什么是黄色吗？"多多发现了大救星，也就是听歌的沙特叔叔。

　　"宝贝儿，算你问对人了！沙漠所呈现的颜色，就看沙子的主要成分是什么。"沙特叔叔向多多解释道。

黄色沙漠

多多想，这跟米娜说得差不多嘛。

多多："到底什么东西让沙子变黄了？"

……

嗡！呜嗡！这时空气中传来汽车轮子在沙地里空转的声音，沙特叔叔又被吸引了。

米娜却拉起多多，找了个小沙丘躲了起来。

果然，心急火燎的路易斯大叔从车窗探出了脑袋，使劲伸长了脖子四下张望。嘿嘿嘿，就像想吃树叶的长颈鹿那样。

"嘘！吓吓他。"说着多多按了按米娜的头，两人蹲下身去。唉，多多又调皮了。

　　"咦，两个小家伙去哪了？"沙特叔叔回头一看，发现他的两个小伙伴不见了，"你们去哪了，想和我捉迷藏是吗？"

　　沙特叔叔转了好几个圈，终于转到了孩子们的藏身地。

　　这时沙丘后面的米娜伸出小手，一手拉了拉沙特叔叔的衣角，一手指了指路易斯大叔。

　　沙特叔叔笑眯眯地点点头，不再说话了。

　　一无所获的路易斯大叔正打算离去，却被一个陌生的声音喊住了："等等，老兄，如果我没猜错，你在找两个孩子对吧？"

　　"是的是的，您见过他们是吗？"路易斯大叔瞪大眼睛说。

　　"你看，那边——"沙特叔叔往身后一指。

　　"嘿，我们在这里！"米娜现身了。

　　……

　　"孩子们，可找到你们了。你们还好吗？"路易斯大叔张开双臂，一手搂多多，一手搂过米娜。

　　"对不起，路易斯大叔，我们不想打扰你睡觉，所以……"多多红着脸解释。

　　"这是两个可爱的孩子，我正在给他们讲沙漠的颜色。现在，把这个问题交给你吧，我走了，再见。"

　　"再见！再见！"孩子们和沙特叔叔道别了。

　　"什么，沙漠的色彩？"路易斯大叔问道。

　　"就是——为什么有的沙漠是白色的？"多多问。

　　"白色的沙漠嘛——"路易斯大叔想了想说，"那是因为沙子里含有大量石膏，石膏你们见过吧？"

　　"见过见过，就是美术老师做塑像用的东西，石膏可白可白了。"多多抢答道。

　　"那——地球上有没有绿色的沙漠呢？"多多真是问题大王。

　　"有啊！只要沙子里含有足够的绿沙石或海绿石，一片绿色沙漠就会出现的。"路易斯大叔告诉多多。

　　轰隆！轰隆隆！突然间，沙漠里回荡起汽车的轰鸣声。"哦，狂野的汽车！"多多循声望去，兴奋地喊道。

　　"我们要不要狂野一回呢，亲爱的宝贝儿？"路易斯大叔明知故问，多多头点得好像小鸡啄米。

　　路易斯大叔伸出胳膊，一边夹起多多，一边夹起米娜，三个人就这样走向了他们的汽车。

　　……

　　路易斯大叔踩踩油门说："坐好了孩子们，红

沙漠飙车即将开始了！"

"噢，我们飞起来喽！"坐在疾驰的汽车里，多多真是感慨万千！

路易斯大叔说："听着宝贝儿，红沙漠开飞车，那是沙地特有的生活享受，这在城市里可办不到！"

……

"有黑沙漠吗？路易斯大叔。"待到车速减慢，多多又绕回去了。

"当然，美国的黑沙漠，那是因为沙子里含有大量的磁石……"

红沙子、绿沙子、黑沙子，还有白沙子……哈哈，激情红沙漠之旅，色彩缤纷大收获！

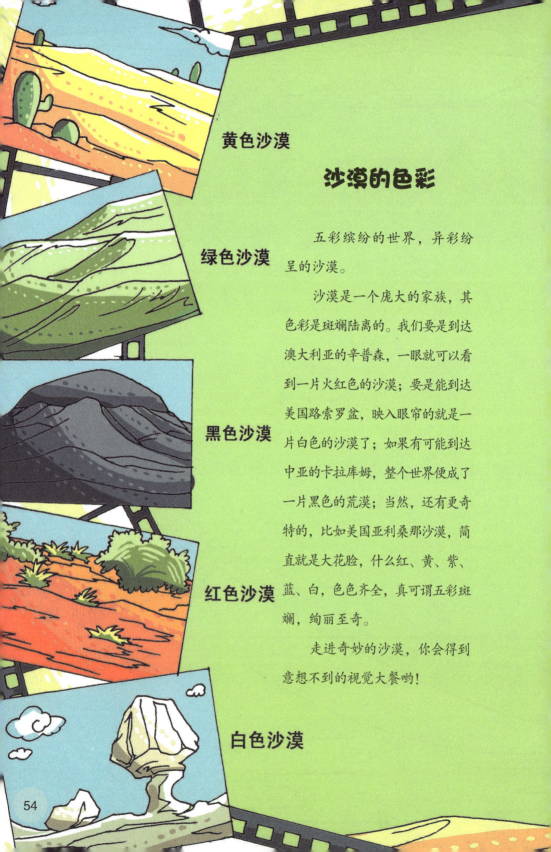

黄色沙漠

绿色沙漠

黑色沙漠

红色沙漠

白色沙漠

沙漠的色彩

　　五彩缤纷的世界，异彩纷呈的沙漠。

　　沙漠是一个庞大的家族，其色彩是斑斓陆离的。我们要是到达澳大利亚的辛普森，一眼就可以看到一片火红色的沙漠；要是能到达美国路索罗盆，映入眼帘的就是一片白色的沙漠了；如果有可能到达中亚的卡拉库姆，整个世界便成了一片黑色的荒漠；当然，还有更奇特的，比如美国亚利桑那沙漠，简直就是大花脸，什么红、黄、紫、蓝、白，色色齐全，真可谓五彩斑斓，绚丽至奇。

　　走进奇妙的沙漠，你会得到意想不到的视觉大餐哟！

第6章

鲁卜哈利的故事

红沙漠之旅激起了多多和米娜的无比兴趣，特别是米娜一改往日对沙漠的认识，于是她有一个更宏伟的想法：到沙漠腹地一游。她把这个想法告诉了路易斯大叔。别看路易斯大叔是个成年人，其实他的好奇心丝毫不亚于这两个小家伙。

"不过，到沙漠腹地游玩可是有危险的。"路易斯大叔提醒说，"必须做好充分的准备。"

"那还用说。"多多颇老练地说，"我和米娜已经准备好了。"

路易斯大叔细看他们的旅行包，只见里面有几瓶矿泉水、几包食

品、三副墨镜和一支拐杖。

"墨镜？"路易斯大叔蹲下来，指着墨镜说，"要它干什么？"

"这你都不懂吗？"多多说，"沙漠里阳光强烈，墨镜可以起到保护眼睛的作用啊！"

"那拐杖呢？"路易斯大叔把拐杖拿在手中，晃了晃，说，"这又有什么作用呢？"

"我们难道不是要进行一次长途旅行吗？"多多把拐杖拿到手中，挂着来回走了走，说，"累了，它就会派上用场了！"

"哈哈哈，都想到这个份儿上了。那你呢？"路易斯大叔回过头来，看看

米娜，说，"你又准备了些什么东西呢？"

米娜把包打开，只见里面有好多好多东西。防晒油、爽身粉、手电筒、宽胶带、小圆镜、塑料袋、防暑药、白色头巾，还有一双高帮软鞋……简直就是一个专业的沙漠旅行者。

"真难为你了，孩子啊。"路易斯大叔顿时对米娜刮目相看，"这都有什么作用啊？"

米娜神气地说："我给你们简单地说说吧。沙漠里阳光很强烈，有负作用很大的紫外线，抹上防晒油，就能保护我们的皮肤；烈日下，我们会出很多的汗，粘粘乎乎很不舒服，在身上用点爽身粉就解决问题了；宽胶带嘛，可用来修复各种破损物品，方便简单；小圆镜，那可不是用来打扮用的，假如陷于某种险恶

环境时，用它来反射阳光，是可以SOS的……"

米娜如数家珍，把那些小物件的功能介绍得很清楚。

"没想到，你们知道沙漠旅行的学问还真不少。不过，我要告诉你们，防晒油是不可以用的。"路易斯大叔说。

"啊？这是为什么？"米娜和多多问道。

"这可是经验之谈啦！"路易斯大叔说，"你们的想法没错，可是你们忽略了一个重要的问题。那就是，沙漠里有好多极细的微尘，容易飞扬，那些小东西如果飞到你的防晒油上——"

"不仅掉不下去，还会把自己的皮肤变得粗糙。"多多说，"这不是起反作用了吗？"

路易斯大叔说："是啊，任何事物都
有正反两方面的功能。好了，孩子们，现
在帮我把这些东西都搬到车上去。"

多多和米娜一看，哇，路易斯大叔也准备了好多沙漠旅行的东
西，那才叫丰富呢，几乎是一个百货公司了。

多多和米娜使劲儿地往车上搬运，一边搬一边说着什么："这
大帐篷还挺沉的。这水壶比咱们的水瓶大得多了。哇，还有三身黑
衣服。咦？这是什么？哦，原来是防风镜啊。看！米娜，还有遮阳
帽呢……"

汽车呼啸着，载着三个想一览沙漠风光的人向沙漠腹地奔去。他
们的目标很明确，那就是沙特最大的沙漠——鲁卜哈利沙漠。

路易斯大叔打开MP3，汽车里响起了节奏明快的音乐。

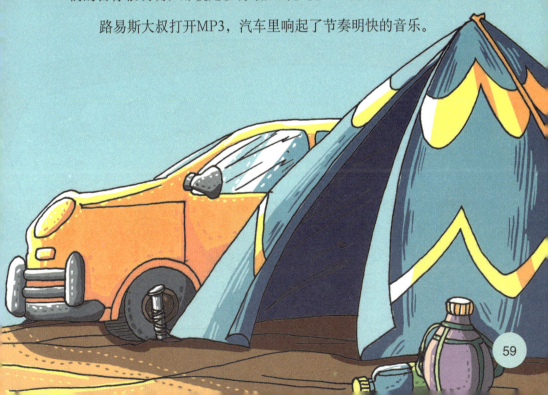

"呜啦啦!噢哩噢哩噢……"米娜和多多模仿着音乐,口里唱着,手来回地舞着。

　　车窗外,沙丘就像箭一样向车后射去,偶尔出现的沙漠植物,也快速地向车后飞去。湛蓝的天空,飘逸的白云,翱翔的雄鹰,飞驰的汽车,慢行的骆驼队……这一切组成了一幅唯美的自然画卷,美不胜收,观之不倦。

　　"米娜,知道鲁卜哈利的意思吗?"多多问。

　　"嗯——不知道。"米娜摇摇头说。

　　"鲁卜哈利是沙特最大的沙漠,它的面积约占到整个阿拉伯半岛的1/4左右,所以,沙特人把它叫作'空旷的四分之一',用阿拉伯语来说就是'鲁卜哈利'。"多多的记忆力很强,他看过的资料都能够记住。

利雅得渐渐远去了，整个世界空旷、辽远，开始荒凉起来。

"大漠孤烟直，长河落日圆！"米娜开始吟诵古人的诗句。

"等我们做饭的时候，大漠里就会升起一缕冲天的孤烟。"多多说，"我们很快就会进入沙漠的腹地，看到那里的美景了。"

汽车卷起一路的沙尘，大家不知不觉已经走了好远好远的一段路程。刚才跟他们同行的汽车不知道哪里去了，大漠中只剩下他们这辆车孤独地行进。

"孩子们，下车吧。"路易斯大叔披上白头巾，把脖子遮严实了，又戴上遮阳帽和墨镜，说，"好啦，我们可以尽情欣赏沙漠风景啦。"

两个小家伙也全副武装，欢呼着跳下车来，一头扑进沙漠的瀚海……

"看，蜥蜴！"多多叫着，追着。

　　米娜赶忙跑过来看热闹："真没想到，沙漠里还有这样的小动物。之前，我以为沙漠里只有骆驼呢！"

　　"可不是你想象的那样。"多多说，"沙漠里的生命物种可多呢。蛇、蝎子、沙漠蜘蛛……随着进化，它们都有一套适应沙漠气候的本领，你看，这个小家伙就长着角质的皮肤。这种皮肤并不美观，但很实用。干燥的沙漠缺少水分，有了这样的皮肤的保护，就可以最大程度地减少体内的水分的散失了……"

　　"我想起来了，我电视节目里还看到沙漠里有各种鼠类呢。啊——老鼠——"米娜正说着，没提防脚边真蹿出一只小鼠，吓得她差点儿跳起来。

"不不不，这不是老鼠，是沙鼠！"路易斯大叔走过来说，"很多人都有恐鼠症，但作为一个旅行者，一定要坚强才对，是不是，米娜？"

"沙鼠看起来像老鼠，不过，它们的生活习性跟老鼠大有不同，比如它们生活在荒凉的沙漠，决不会跑到人类居住的地方。"路易斯大叔说，这时，只见那只小沙鼠已钻到一个小洞里面。

"嘀！"米娜有了心理准备，于是跑过来，看着小洞说，"这是沙鼠的家吧！哦，可怜的小沙鼠，你们到哪里喝水呢？"

"嘘——"米娜的话刚说完，多多就悄悄地喊了一声，"你——

们——看——"

路易斯大叔和米娜顺着多多所指的方向看去，只见不远处的一丛灌木里，几只小沙鼠正在上面啮食。

"小沙鼠正在吃饭呢。"米娜看着小沙鼠可爱的样子说。

"它正在喝水。"路易斯大叔解释说，"沙漠里的水太少了，小动物们于是练就了通过啮食绿色植物的方式来补充水分的本领。"

就在他们观察得津津有味的时候，多多忽然一声大叫："不得了，沙尘暴！"

"啊？"路易斯大叔和米娜同时抬起来头来，看到远处有一堵厚厚的沙墙，排山倒海似的向他们迎面扑来……

沙漠动物

沙漠其实并不荒凉。在沙漠里，生活着好多动物呢，它们有的是微型的穴居动物；有的是啮食类动物，比如各种鼠类；还有各种爬行类动物，主要是蛇，大型的动物则有大象和骆驼等。

这些动物耐高温，可以通过直接食用灌木等植物来补充水分，因为生长有特殊的皮肤，于是有一套减少水分散失的本事。这些动物通常在夜间活动，这也是为了适应沙漠气候，因为沙漠夜间的温度相对较低。

这些动物都有特殊的体色，与沙漠相近，是一种保护色。如果它们有脚，一般扁平而宽大，有利在沙漠里行走。

第7章

沙漠风暴

尽管早有心理准备，路易斯大叔跟两个孩子还是显得手忙脚乱的。

"快，躲到那道沙梁后面去！"路易斯大叔命令两个孩子后，自己跑向汽车，以最快的速度从里面取了些东西，又急速返到孩子们的身边。

令他们意外的是，这道高高的沙梁后面，竟然伏着一道长长的骆驼队。看来，骆驼队也是看到风暴来袭才伏在这里的。

有几个沙特人在那里向他们挥手，意思是让他们靠近骆驼。路易斯大叔一边跑一边把几个塑料袋撕了好些小洞，然后戴到自己头上，又一面传给多多和米娜，喊着："戴上，戴上，防沙尘……"

路易斯大叔后面的话淹没在烈烈的风声中，他们刚伏下身来，那堵沙墙已经遮天蔽日地笼罩了整个世界。

风暴是如此之大，完全出乎大家的预料。风呼呼地叫着，沙子哗哗地响着，刹那间天昏地暗，日月无光……

米娜伏在一只高大的骆驼身边，一动也不敢动，生怕自己一不小心就会被大风暴吹走。

也不知道过了多长时间，风暴终于过去了。骆驼队、路易斯大叔、多多、米娜，还有那几个沙特人，身上都盖了一层厚厚的沙子。

大家抖去身上沉重的沙子，露出脸来急促地呼吸着满是沙尘味的空气。

"多亏了这个塑料袋，要不——"米娜正夸着塑料袋，猛一回头，看见多多灰头土脸的，一副十分狼狈的样子，正在那

里一边吐唾沫，一边挖了左耳挖右耳。

原来，多多没来得及把塑料袋套上，风暴已经来临了。

那几个沙特人从容多了，只见他们把白头巾来回一抖，那些杂物就一干二净了。

"路易斯大叔，原来白头巾不仅可以反射强烈的阳光，保护皮肤，还可以防风防沙呢！"多多这才明白了头巾的作用。

"还有他们的黑袍子，在沙漠里也是大显身手呢。"路易斯大叔说，"黑色的物质吸热能力强，加快了袍子里的空气的流动，那样子就好像有一个永动的风扇在吹，不是热而是凉爽得很啊。"

"原来是这样啊！"米娜一直以为那不过是沙特人的特殊打扮而已，没想到里面还有这么多的学问。

"谢谢你们，谢谢你们的骆驼！"路易斯大叔跟沙特人道谢，看着他们出发了，于是去看自己的汽车。

"这并不是一件坏事。"路易斯大叔说，"世界上，不是每一个人都能有被沙尘暴袭击的经历。"

汽车除了背风的一面形成一个深深的沙坑外，其它地方堆起了高高的沙丘。路易斯大叔发动了好几次，竟然没能挪动一丝地方，他焦急起来。他想，如果不能早些离开这里，危险就会大大增加。高温，干燥，还有未知的沙漠之夜……

好在又一个骆驼队出现在路易斯大叔他们的视线之内，于是，三个人拼了命地叫喊。终于，有几个人过来了，在他们的帮助下，那些骆驼帮着路易斯大叔他们把

车拉了出来。

路易斯大叔累得坐在地上，一个劲儿地喘息。

"让我好好地休息一下再出发吧。"路易斯大叔指了指水瓶，说，"米娜，水。"

米娜忙把水递过来，路易斯大叔打开瓶盖，吸了一小口，停了一会儿，又吸了一小口。

"路易斯大叔，这里还有好多水呢，放心地喝吧。"多多看路易斯大叔渴坏了，于是关心地说。

"那可不成。"路易斯大叔说，"在沙漠里喝水可是有讲究的，千万不敢狂饮，必须一小口一小口地喝。这样既能节约水，又有利于身体的吸收。否则，一身汗出来，所有的水都白喝了……"

等到路易斯大叔休息好了，大家才整装上路。他们来这里就是为了感受一下沙漠的特别之处，所以，再艰难，再辛苦，他们也不怕。

多多说："冒险嘛，要的就是这种感觉。"

汽车稳稳地驰骋在沙漠之中，一个劲儿地向前冲。

"那些风是从哪里来的啊？"米娜问道，"沙漠风暴怎么说来就来了呢？"

"这个——"多多不明就理，只好应付着说，"风就是流动的空气啊。"

路易斯大叔说："沙漠风暴其实就是一种强烈的空气流动，不过是多了些沙尘而已。沙尘暴有两个兄弟，小弟是沙暴，大哥是旱龙卷。我们刚才遇到的就是小弟弟：强烈的风把尘埃和沙子吹起来，然后又暴雨一样倾泻下来，漫天黄沙，好像世界末日到了。大

哥旱龙卷嘛，可是真正的龙卷风啊，它个头很高，就像一根顶天立地的沙尘柱子，高速地旋转。《绿野仙踪》里的多罗西遇到的就是龙卷风。我们可以想象大自然的力量是多么强大，就是这些看不见的空气，就有这么强大的动力！"

"路易斯大叔，我们下一步去哪里啊？"多多问。

"随意吧。也许，在这里我们会有其它意外的视觉套餐呢。"路易斯大叔说。

"可是，咱们的食品和水不是太多啊。"米娜提醒说。

"哦，我把这个忽略了。"路易斯大叔说，"咱们只好一边回家，一边观赏了。"

说话间路易斯大叔傻眼了，因为他们迷路了，整个世界都变成了一

个样，除了连绵的沙漠还是连绵的沙漠。没有路，没有树，没有任何标志，什么都没有，就连那个卫星导航系统也是一片空白。原来，卫星导航是沿着公路走的，而这片沙漠里面根本就没有路。

"这可怎么办啊？"路易斯大叔心里想着，但脸上不敢表现出来，他怕吓坏那两个小家伙，于是安慰着说，"没事的，这里我曾经来过。"

汽车就那么信马由缰地奔驰着，多多和米娜也渐渐地慵懒起来，沙漠毕竟是单调的，单调得令人乏味。

路易斯大叔心急如焚：要是不能及早出去，别的不说，汽油很快就成一个大问题了。他把车停下来，站到车顶上，手搭凉棚四下里望了望，忽然大叫起来。

多多和米娜没提防，被吓了一大跳。

"绿洲！前面，有绿洲！"

奇妙的沙尘暴

大自然是一个魔术师，一草一木，一水一气，都是他的道具。比如在广阔的沙漠，这个魔术师就会玩沙尘暴的游戏。当强风把沙子和细尘吹起来的时候，整个沙漠是动感十足的，那种宏大的场面，也只有在沙漠里才能有幸一见。

沙尘暴来袭，遮天蔽日，能见度就会严重降低。如果遇到大型的沙尘暴，必须躲到沙丘后面，紧贴沙子，最好是躲到有骆驼的地方才安全，否则会有生命危险。

第8章

绿洲之约

　　刚才颓废的心情一扫而光，路易斯大叔使劲踩了一下油门，车便像风一样向前面跑去。

　　是啊，在沙漠里行了这么长一段路，漫天的风沙，了无人迹，了无声息，又遇到了前所未有的沙暴，即使是为了旅游，路易斯大叔他们心情也不再激动，如今看到绿洲就在前面，谁不兴奋？

　　"我好像嗅到了水的味道。"多多说。

　　"不可能吧？"米娜似乎很冷静，但她马上说，"莫非真有水在我们的前面？"

　　"真的有水呢！"路易斯大叔的车子倏地停下来，"看，这是什么？"

　　米娜眼前一亮，只见一汪碧绿的湖水呈现在大家眼前。在茫茫大漠中，这片小小的湖泊就像一只注目蓝天的大眼睛，明亮、宁静、澄澈。

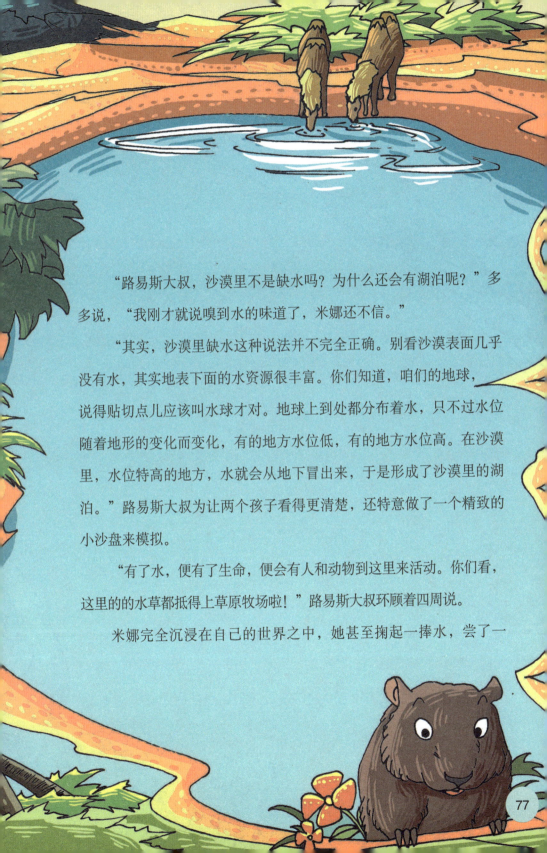

　　"路易斯大叔，沙漠里不是缺水吗？为什么还会有湖泊呢？"多多说，"我刚才就说嗅到水的味道了，米娜还不信。"

　　"其实，沙漠里缺水这种说法并不完全正确。别看沙漠表面几乎没有水，其实地表下面的水资源很丰富。你们知道，咱们的地球，说得贴切点儿应该叫水球才对。地球上到处都分布着水，只不过水位随着地形的变化而变化，有的地方水位低，有的地方水位高。在沙漠里，水位特高的地方，水就会从地下冒出来，于是形成了沙漠里的湖泊。"路易斯大叔为让两个孩子看得更清楚，还特意做了一个精致的小沙盘来模拟。

　　"有了水，便有了生命，便会有人和动物到这里来活动。你们看，这里的的水草都抵得上草原牧场啦！"路易斯大叔环顾着四周说。

　　米娜完全沉浸在自己的世界之中，她甚至掬起一捧水，尝了一

口。啊呀，甘甜清冽，是那些矿泉水、纯净水都不可比拟的。她趴在水边照镜子，湖水里映出了一张快乐的笑脸，她禁不住对影子说："你好，米娜！"

多多不同，他快乐地四处奔跑着，这里看看，那里瞧瞧，还唱啊，跳啊，其乐融融的样子，显出男孩子特有的好动性格。

"米娜，过来！"忽然，多多大声喊道，"过来，你看这是什么？"

米娜跑到多多身边，问："哪里？哪里有什么啊？"

"就是这棵树啊！"多多指了指眼前的大树说，"看，这是什么树呢？"

"我以为你发现什么新大陆了呢，不就是棵棕榈树嘛！"米娜看上去很失望。

"孩子啊，你弄错了，这不是棕榈树，而是椰子树。"路易斯大叔不知什么时候也跟过来了，说，"这是一种高大的乔木，样子跟棕榈树也差不了多少，因为它们同属一个科。"

米娜细细打量着这种树，是啊，它确实跟棕榈树极其相似，但又有所不同。笔挺的树干，没有别的枝丫，也是到了树顶才长出碧绿的叶子来，不过，它比棕榈树大了许多。

"原来这是椰子树啊！"米娜说，"路易斯大叔，椰子树长在这个湖泊边上，是不是说明它很喜欢水呢？"

"是啊，这种树特别喜欢水、阳光、高温。沙漠的绿洲最适宜这种树的生长了。"

"路易斯大叔，这种树最高可以长到多高啊？"多多问。

"成年的树，少说也有5层楼那么高吧，要说最高的，可达10层楼那么高呢！"路易斯大叔比画了一下，说，"咱们眼前的这棵，要比7层楼高得多了。7层楼啊，就是20多米的高度啊！"

"木秀于林，风必摧之。这些树是如何抗击沙漠风暴的呢？"米娜的问题多得就像夜空里的星星。

"椰子树有它特殊的结构，柔韧性很强，所以它是树中的抗风王啊。"路易斯大叔不无赞叹地说，"10级以上的风，对于它们来说都是扇凉呢！"

多多双手搂住树干，努力向上攀爬。但是，树干太粗了，他这个小不点根本抱不住。

"路易斯大叔，我想到上面给你摘几个椰果解渴。"多多说，"只是，我上不去。"

米娜嘻嘻地笑了，说："上不去还夸这海口啊。"

"米娜，椰汁真的好喝呢！"多多咂巴着双唇，那神态真是太天真可爱了。

"多多，别费力气了，你就是把椰果摘下来，也是吃不上的。"路易斯大叔开玩笑地说，"椰果的成熟期需要整整一年啊。要想吃啊，你就在这里耐心地等待它成熟吧！"

多多失望地坐在树下的阴凉里，说："看来我是在白费力气了。"

米娜在一旁打趣多多说："其实我们完全没必要在这里花费力气，不论到了沙特哪个城市，我们只需花不多的钱，就可以买到椰子的。多多，你的那些气力用来打工吧，挣得的钱够买好多椰果呢！"

"哈哈哈……"米娜的话把路易斯大叔逗得大笑不止，"这里还有好多种其他的植物呢，孩子们，好好地欣赏吧。"

米娜和多多在绿草红花之中跑啊笑啊，他们徜徉在沙漠绿洲里，尽情享受着这份难得的绿意、这份难得的幸福时光……

"咦？米娜，你看这是什么？"多多跑累了，坐在水边休息，却又有了意外的发现。

米娜看到沙滩上有一长溜小小的脚印，这会是什么动物留下来的呢？那印迹看上去像狗爪，但又比狗爪小一些。"该是小狗的脚印吧！"米娜学会了脑筋急转弯儿。

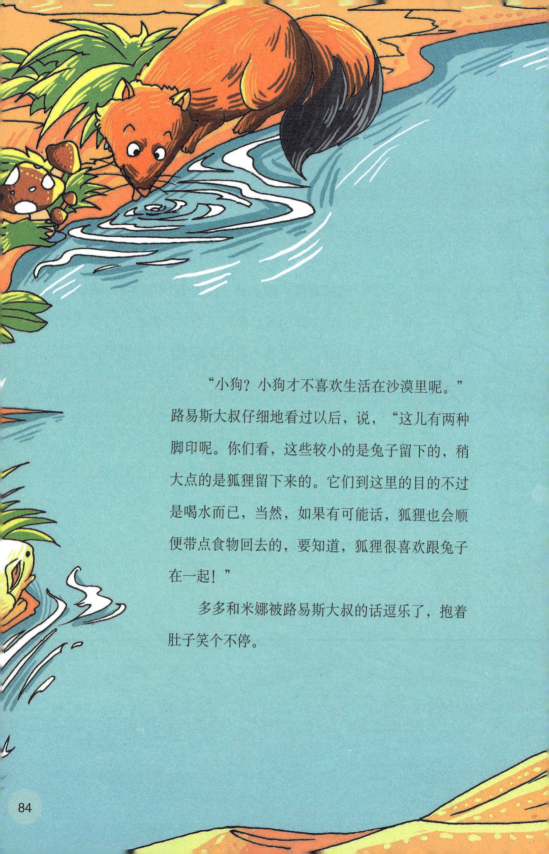

　　"小狗？小狗才不喜欢生活在沙漠里呢。"
路易斯大叔仔细地看过以后，说，"这儿有两种
脚印呢。你们看，这些较小的是兔子留下的，稍
大点的是狐狸留下来的。它们到这里的目的不过
是喝水而已，当然，如果有可能话，狐狸也会顺
便带点食物回去的，要知道，狐狸很喜欢跟兔子
在一起！"

　　多多和米娜被路易斯大叔的话逗乐了，抱着
肚子笑个不停。

绿洲

如果说沙漠相对荒凉，那么绿洲可是生机勃发的，它往往出现在沙漠里有水的地方，这里生长着各种草木，活动着各种动物。沙漠里之所以会出现这种奇景，是因为其地表下面有许多地下河，一旦其水位稍高，就会流出地表，形成湖泊，加上源头活水供应不断，沙漠中的湖也不会干涸。这个局部绿色的世界，让人们在单调的沙漠世界里找到了不一样的感觉，于是人们亲切地称它为"绿洲"。

第9章

耐人寻味的碎石圈

"现在,以这片绿洲为中心,在它的附近,我们好好地玩一玩。"路易斯大叔说,"沙漠里的绿洲并不多,这可是千载难逢的机会啊。而且,我们这样游玩也不会迷路。"

多多和米娜休息好了,体力得到了恢复,于是四处游玩。他们一会儿被一个小小的沙洞吸引,一会儿又为

一只不知名小飞虫惊奇。

多多终于按捺不住，悄悄地对米娜说："米娜，我发现了一个奇怪的现象，我怀疑这里有一股神秘的力量。它们无处不在，但我们又找不到它。"

米娜看着多多神秘兮兮的样子，不禁吓了一跳。"你是说，神秘的力量？"米娜问了一句，声音都在颤抖。

"是的，一股神秘的力量。"多多说，"请跟我来。"

多多领着米娜来到一处较平坦的地方，说："你看，神奇的怪石圈儿。这里有好多这样的怪石圈。"

在多多的指引下，米娜也看到了这些神奇的怪石圈。石圈的正中央有一块较大的石头，以这块石头为圆心，外面是一圈一圈均匀的碎石子。它们平平展展地铺在沙地上，就像一个标准的靶子，迎着阳光，散发着绚烂的光晕。

"一股神秘的力量。"多多重复着，"在空旷的沙漠里，没有哪个人喜欢来这里耗费时间和精力摆弄这些小玩意儿的。可是，这股神秘的力量究竟是从哪里来的呢？它又要躲到哪里呢？"

米娜小心地触了触中心的那块石头，温度很高，似乎有点烫。

"多多，快离开这些怪石圈吧。"米娜忽然向后面缩去，"外星人，一定是外星人干的，这是他们在地球上做的联络记号。"

"什么？外星人？"多多虽然不相信外星人的存在，但是他也没有足够的理由来证明外星人不存在。现在，看着一处又一处奇怪的碎石圈，多多第一次感觉到，外星人可能是存在的，而且，就在他们身边。

米娜和多多你看看我，我看看你，忽然大叫着向路易斯大叔那边跑去。

"怎么了？"路易斯大叔看着他们奇怪的神情问。

"外星人！"

"怪石圈！"

多多和米娜语无伦次，一人拉了路易斯大叔一只手。

"嘿，我以为是什么东西呢！"路易斯大叔看着怪石圈说，"这与外星人没有一丝关系，这不过是沙漠气候的特殊产物罢了。"路易斯大叔把那些碎石头攒在一起，说，"把这些小石头合在一块儿，就是一块大石头了。"

米娜和多多面面相觑。

"曾经，这里有一块大石头，在沙漠里强烈阳光的照射下，加之一天一天的风化，大石头变得越来越疏松，于是，大石头开始剥落，分裂，碎石头掉到地面上，细屑都被风吹走了，而这些较大的则留了下来。"

"路易斯大叔。"多多说，"我还是没有弄明白，它们是怎样排列成这么规则的圆圈的？"

"这是一个很简单的道理。"路易斯大叔说，"这些小石头不是一天掉下来的，随着时间的推移，大石块最外面的部分掉下来，接着是下一层，再下一层……它层层分解，天长日久，慢慢地剥蚀，直到最里面的那部分也变成了一块不起眼的小石头……"

"石圈圆心就是原来那块石头的'心脏'了？"米娜说，"路易斯大叔，要是这么解释，那真与外星人没有关系了？"

"大自然是个神奇的魔术家，它的鬼斧神工雕琢了一个又一个奇迹。"路易斯大叔说，"没准啊，人们所说的

外星人也是大自然的杰作呢！"

　　"路易斯大叔，一块石头真的会在强光的照射下分解成这样的碎石圈？"多多还是满意这种解释，说，"是不是我们也可以制作这些漂亮的石圈呢？"

　　"当然。不过你得有相应的工具。"

　　"什么工具？"多多追问着，弄不清楚，不肯罢休。

　　"一些强光工具，还有一些冷却工具。"路易斯大叔说，"还得有时间和耐心。"

　　"还要冷却工具？"多多好像越听越糊涂了。

　　"哦——我明白啦！"米娜在一旁高叫道，"路易斯大叔，我们是不是应该说这是热胀冷缩的原理呢？"

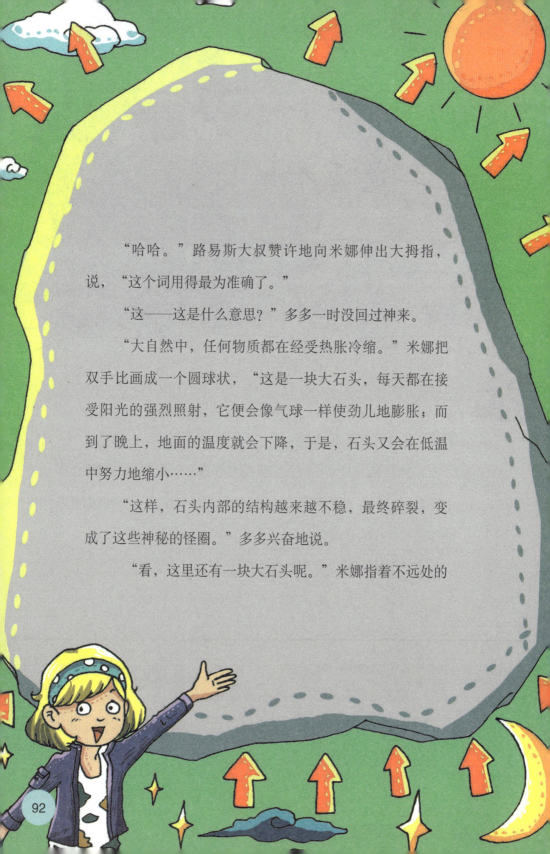

　　“哈哈。”路易斯大叔赞许地向米娜伸出大拇指，说，“这个词用得最为准确了。”

　　“这——这是什么意思？”多多一时没回过神来。

　　“大自然中，任何物质都在经受热胀冷缩。”米娜把双手比画成一个圆球状，“这是一块大石头，每天都在接受阳光的强烈照射，它便会像气球一样使劲儿地膨胀；而到了晚上，地面的温度就会下降，于是，石头又会在低温中努力地缩小……”

　　“这样，石头内部的结构越来越不稳，最终碎裂，变成了这些神秘的怪圈。”多多兴奋地说。

　　“看，这里还有一块大石头呢。”米娜指着不远处的

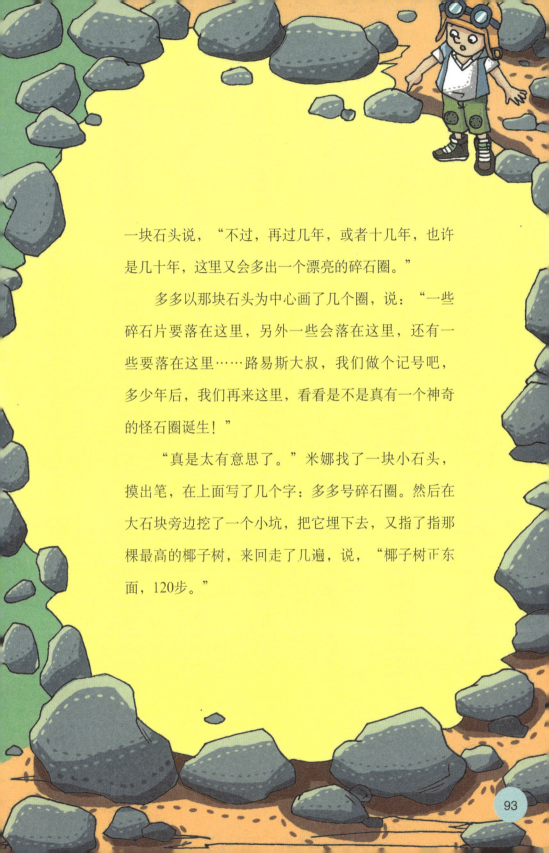

一块石头说，"不过，再过几年，或者十几年，也许是几十年，这里又会多出一个漂亮的碎石圈。"

多多以那块石头为中心画了几个圈，说："一些碎石片要落在这里，另外一些会落在这里，还有一些要落在这里……路易斯大叔，我们做个记号吧，多少年后，我们再来这里，看看是不是真有一个神奇的怪石圈诞生！"

"真是太有意思了。"米娜找了一块小石头，摸出笔，在上面写了几个字：多多号碎石圈。然后在大石块旁边挖了一个小坑，把它埋下去，又指了指那棵最高的椰子树，来回走了几遍，说，"椰子树正东面，120步。"

"未来的碎石圈，我们还会回来看你的。"米娜跟大石头打着招呼，又对着路易斯大叔和多多笑了笑说。

不知不觉，椰子树投下了长长的影子，太阳已经在地平线上待命，用不了多久，它就要落下去了。西边的天空上，透亮的霞光笼罩了整个沙漠。

沙漠之夜，悄悄地来临了……

神奇的热胀冷缩

　　生活中，我们每天都在经历热胀冷缩，亲眼目睹这种自然现象。热胀冷缩就是物体受到热就要膨胀，遇到冷就要收缩。这种现象是由于温度的变化造成的。

　　物体接收热量不同，温度就会发生相应的变化，比如昼夜之间就存在着温差。

　　热胀冷缩有利有弊，随着科技的发展，一些国家利用热胀冷缩原理来发电，为人类造福。但是，热胀冷缩也可能使道路出现裂缝，从而造成一定的破坏。

第10章

沙漠之夜

　　找到了绿洲，路易斯大叔的担心不像之前那么急迫了。在米娜和多多的一再恳求下，他们决定在这里度过一个难忘的夜晚。

　　路易斯大叔开始埋锅造饭，并安排多多和米娜去支帐篷。

　　两个小家伙欣然领命，丈量了尺寸，开始在地上挖沙。他们要把帐篷牢牢地固定住，以免晚间有风把它吹跑。

多多和米娜一共挖了四个沙坑，每个深约半米，然后在帐篷四角的绳子上各拴了一根粗大的木棒——这是路易斯大叔找来的，把木棒分别放在四个坑里，又用沙子把木棒周围的坑填满，还用脚踩实了。

帐篷搭起来了，多多和米娜累得浑身冒汗，跌坐在沙子上，不想再起来。

夜幕降临了，天空出现了星星。一颗颗闪烁不定的星星就像一颗颗璀璨的宝石，在夜空里发着明亮的光芒。

"多多，沙漠里的星星为什么这么明亮啊？"米娜的眼睛都不眨一下，生怕这种难得的美瞬间消失掉。

"大漠里人类的活动较少，特别是工业方面，几乎是空白。所以，这里的空气没有受到污染，各种杂质很少，空气的透明度和清晰度也就高了，因此，星星也就明亮无比了。"多多盯着那些星

星，仿佛步入了童话的天堂，"沙漠里空气干燥，水分很少，阻挡星光的物质又少了一些。"

一颗流星从天空滑过，一道明亮的光线迅速地消失了，但它却永远地留在了多多和米娜的记忆深处——这可是城里孩子的奢望啊。

"开饭喽，孩子们。"路易斯大叔叫着，让他们过去补充能量。

有人说，饭是给饿人吃的。这句话真有道理。跑跳了一整天，三个人都饿了，吃起

饭来狼吞虎咽的。虽说只是方便面加点榨菜，但在路易斯大叔他们看来，这丝毫不亚于珍馐。

三个人吃饱喝足，于是在帐篷边燃起了一堆篝火。火焰跳跃着，一闪一闪的，就像一个调皮的小精灵。

大漠里的沙丘起伏着，在星光笼罩之下，就像海面上涌动的波浪。

"路易斯大叔，这会儿凉快得多了。"米娜说，"白天，我们可是很热啊！"

"是啊，沙漠上空几乎没有云彩，阳光可以毫无遮拦地直射到地面上，加上沙漠里的植被稀少，空气湿度不大，所以白天的气温很高啊。"路易斯大叔看着米娜的脸庞被火光映得通红，就像一个可爱的芭比娃娃，笑了笑，接着说，"反过来，沙漠的地面辐射较强，天空

又没有云层的遮挡，热量不会被反射回来，所以热量散失得也快，天气自然凉得也快了。"

多多望着火堆，看着一根木柴爆烈了，一捧火星溅了出来，就像无数的流星一样，很美，很壮观。"路易斯大叔，为什么沙漠的辐射较强呢？"多多问道。

"这个嘛——"路易斯大叔琢磨着怎样才能避免使用书本上的定义，能用最简洁的话表述清楚这个道理，于是稍稍想了想，说，"给你们打个比方吧。同样体积的一块木头和一块海绵，它们的吸水量是不一样的，海绵吸得多，木头吸得少。沙子就好比木头，水好比海绵，同样多的沙子吸收热量就比不过水。反过来，当它们吸收了同样多的热量，沙子散失得快一些，水就散失得慢一些。因为这种特性，沙漠里的温度升高得快，降低得也快。而海边的温度恰好相反。"

"怪不得沙漠里白天那么热，晚上又变得这样凉爽了。"米娜

说，"路易斯大叔，我姥姥那里就是你说得这种情况啊。"

"对对对。"路易斯大叔看着米娜明白了自己的意思，脸上露出了满意的笑容。

夜渐渐地深了，路易斯大叔提醒两个孩子该休息了。

"那你呢？"米娜关切地问，"路易斯大叔，你不休息吗？"

"哦，休息呢。"路易斯大叔说，"不过，我还得在帐篷四周添点柴，燃点火。万一有什么猛兽过来，看见火就跑啦。"

米娜和多多钻进帐篷，躺在行李上，很快就进入了梦乡。

夜风吹起来，帐篷被风吹得啦啦作响。路易斯大叔保持着一份警惕，尽管他也很累，但为了万无一失，他始终处于一种似睡非睡的状态。

行李下面的沙子存有余温，睡在上面很温暖，很舒适。

绿洲里的树啊草啊，在夜风的吹拂下也沙沙地响，那声音听上去很美，就像一首安然的摇篮曲……

不知道过了多久，风似乎停了，四周安静得令人畏惧。忽然，路易斯大叔听到了一种古怪的声音。他吓了一跳，睁开眼，把帐篷拉了一条小缝隙，用强力手电筒向外面一照……

　　"多多，米娜，快醒醒，你们看，奇迹。"路易斯大叔轻轻地把两个熟睡中的孩子弄醒来，说，"快看，奇迹。"

只见湖边来了好多小动物，它们正在喝水。它们没见过人，也没有见过手电的强光，所以它们并不害怕，也不躲避；附近的沙地上，旁边的草丛里，灌木丛里，椰子林里……各种各样的小动物出现了，沙漠不再寂寞，此时尽显热闹和喧嚣！

"多可爱的小动物啊，它们白天都藏到哪里去了呢？"米娜说。

睡意沉沉地袭来，两个孩子再也坚持不下去了，看着看着就睡着了……帐篷的外面，一场大型欢快的聚会拉开了序幕……

比热

    在自然界中，不同的物质吸收热量的能力也不一样，所以受热后温度变化也是不一样的。这种情况决定于物质的特性——比热。

    相同时间内等质量的水吸收了一定热量后，温度变化不是怎么明显，而沙子就不同了，因为沙子的比热比水小得多。

    一般来说，液体的比热大些，固体的比热相对小些，气体的比热就更小了。

    大海边冬暖夏凉，就是因为水的比热大呢。

第11章

神奇的沙漠花

"我仿佛看见无数的小动物在喝水，在玩耍。"米娜大清早起来，揉着惺忪的眼睛，说，"我不知道这是一个梦，还是现实。"

多多也说："是啊，是啊，我也有这种感觉。"

两个小家伙对沙漠恋恋不舍，走到帐篷外，躺在沙子上不想起来。

"孩子们，收拾行装，我们得赶回利雅得去。"路易斯大叔说，"虽然我们处在绿洲之中，但我们现在有一个重要的问题要解决——我们迷路了。"

　　多多和米娜听了，一骨碌爬起来，帮着路易斯大叔整理物件。当米娜从沙坑里把那个系帐篷的绳头拉出来后，她发现了一样奇异的东西，于是大喊起来："路易斯大叔，多多，快来看这是什么？"

　　路易斯大叔仔细地瞅了瞅，说："沙漠玫瑰！米娜，你找到了一朵传说中才有的沙漠玫瑰！"

　　"玫瑰？"多多不解地说，"玫瑰不是植物吗？"

　　"当然了，还用你说。"米娜说，"听路易斯大叔怎么讲。"

路易斯大叔放下手中的活计，把双手在衣服上使劲地擦了几把，重新把那朵所谓的"沙漠玫瑰"捧在手中，细细地观看。

浑圆的一个沙团，几乎没什么可看的地方。路易斯大叔小心地把外面的细沙剔去，渐渐地，小沙团变了，露出了一片又一片薄薄的"花瓣儿"，当那些细沙被全部剔除后，呈现在人家面前的，是一朵美丽的"玫瑰花"。

"因为它的形状极似玫瑰，又产于沙漠，所以被称之为'沙漠玫瑰'。"路易斯大叔的手里仿佛拿着的不是一块沙子，而是一件易碎的珍贵宝贝，"沙漠玫瑰来之不易啊。在很久以前，这里也许有过

一次剧烈的火山喷发，炙热的岩浆纵横着，最终在一道古老的河床之上冷却，经过自然变迁，几番沉浮，以及长年累月的风吹日晒，终于形成这么一个绝世的稀品。也许，在几千万年以前，数量不等的石英砂经过了一次完全偶然的巧妙集合，才凝结而成这个天造地设的精灵。"

米娜和多多都听呆了，他们仿佛走进了古老的神话传说当中，看到了沧海桑田的变化，看到了斗转星移的变迁，看到了沉沙易花的艰难……

"路易斯大叔，你是说它是个老寿星了？"米娜终于回过神来。

"是啊，它已经在沙漠里沉寂千万年之久，它是个名副其实的老

寿星啊。"路易斯大叔把"沙漠玫瑰"小心地包起来，准备放进一个小盒子里，说，"花儿易碎，我们要小心地保存啊。"

遗憾的是，路易斯大叔一失手，布包掉到了地上，说来也巧，那时候多多余意未尽，还想仔细看看，正好往前迈了一步，一脚踩在那个布包上，只听"沙"的一声——三个人齐声高叫起来："沙漠玫瑰！"

晚了，一切都来不及了。那朵珍奇的"石花儿"就此不存在了。

"路易斯大叔，既然能发现第一个，是不是还会有第二个呢？"多多的提议立马起了效应。只见路易斯大叔和米娜不约而同地操起了工具，狠劲儿地挖了起来。不过，他们失望了。尽管他们又挖了好大一会儿，可是连"沙漠玫瑰"的影子都没有看见。

"路易斯大叔，'沙漠玫瑰'有什么用呢？"多多问到了一个实

质性的问题。

　　"它主要是用来观赏的。"路易斯大叔说，"它的观赏价值就是它存在的价值。物以稀为贵，大自然中，'沙漠玫瑰'的数量少之又少，加上它形成过程的特殊性，所以，好多人历尽毕身的艰辛去寻找这种极为罕见的'花儿'。"

　　"原来只是为了观赏啊。"米娜好像有点无所谓了。

　　"当然，还可以作为爱情的信物。"路易斯大叔说，"玫瑰花是很娇嫩的，它可不是开放在沙漠腹地的。所以，生长在沙漠里的青年男女，就以互送这种特

殊的'玫瑰'，来表达自己对爱情的忠
贞。"

　　"我结婚的时候，也要新郎官送
我一朵世界上最大最美的沙漠玫瑰。"
女孩子喜欢幻想，特别是幻想婚礼和
爱情，米娜于是心动地说，"我要在
王国大厦里举行婚礼，新郎捧着的不是钻戒，而
是——"

　　"沙漠玫瑰！"路易斯大叔和多多同时高叫起来。

　　大家把行李收拾好，又到湖里打了好多好多的水，
准备上路。

　　"我们都兴奋过头了。"路易斯大叔

说，"我们不知道回家的路在哪里。"

三个人垂头丧气地坐下来，一时都很气馁。

"既然这里有充足的水源，我们一定会等到补充水分的骆驼队啊。"米娜忽然说。

说来也巧了，米娜的话音刚落，他们就听到一阵骆铃声传来。只见一道高高的沙梁背后，缓缓地走出一头骆驼，后面又出现了一头又一头……很快就成了一支长长的骆驼队。

"嗷——嗷——"多多高兴地叫起来，

"咦？路易斯大叔，为什么所有的骆驼都挂一只铃铛呢？"

"一则是为了吓唬狼啊之

类的猛兽，二则这样走在大漠里不感到寂寞。"路易斯大叔说完，起身向那几个沙特人礼貌地打起了招呼。

沙特人的英语说得很好，所以沟通起来很方便。他们告诉了路易斯大叔行进的方向，还告诉了他许多应对沙漠意外的技巧。

"你们是如何在沙漠里找方向的？"多多问。

"太阳，太阳就是指南针啊。"沙特叔叔看着多多可爱的样子，微笑着告诉他。

"嘿，我们怎么把这一点忘了呢？"米娜说，"真是人忙无智啊。"

该启程了，米娜看着驼队里竟然有一个跟他们差不了多少的男孩，于是取了一些东西送给他做纪念。小男孩连声说着"谢谢"，就在他们的车要启动的一刹那，小男孩跑了过来，说："送给你们，尊敬的客人。"

路易斯大叔从小男孩手里接过一个小包，轻轻地打开："哇——"三个人齐声大叫，"沙漠玫瑰！一共三朵呢！"

大方的沙特人

如果你见过沙特人，你一定会被他们的大方吓一跳的。他们会把你喜欢的东西无条件地赠送给你，以表达他们对你的热情。你若是不好意思收下，他们还会为此生气呢！

沙特人的大方，可谓举世闻名。这不仅仅是因为他们的富有和慷慨，重要的是他们继承了祖先留下来的美德。

沙特人的祖先度过了艰苦的生活岁月，知道互帮互助的重要意义，于是就养成了乐善好施、救济贫弱的优良品质。

第12章

甘甜的椰枣

汽车没有走多远，路易斯大叔又停了下来。因为在他们面前，出现了一大片树林。

"快，过去看看那是什么？"路易斯大叔故弄玄虚，说，"看你们谁认识这些树啊？"

多多跑过去，看到了一株株奇异的大树，其中一颗特别引人注目：又粗又高的树干，蓬蓬的树冠，远远看去，就像一个巨无霸菠萝立在地上。"这不是椰子树吗？"多多说。

米娜没有急着回答他，而是跑到树跟前仔细打量起来：不错，这树看起来真像椰子树，但树干没有椰子树干那么光滑，有疤痕，好像树叶从根部长起来，长成形后又被砍去了一样。这样一圈圈地往上递，给人一种楼梯般的感觉，似乎顺着这天然的楼梯，就可以轻松走上树顶似的。

"不对，多多，这可不是椰子树。至于是什么树，我还真叫不上名字来。"米娜说。

"米娜说得对。"路易斯大叔说，"这不是椰子树，它叫枣椰树。"

"枣椰树？"多多不解地说，"为什么叫枣椰树呢？"

"你仔细看看上面有什么？"路易斯大叔说。

"我明白了。"多多说，"果像大红枣，树像椰子树，所以树名叫——"

"枣——椰——树——"路易斯大叔和米娜同异口同声叫起来。

米娜和多多高兴地在树林里跑来跑去，一边跑一边欢呼着，跑累了，就倒在一棵最大的树下，嘻嘻哈哈地大笑个不停。

"真是太神奇了。"米娜说，"多多，你看枣椰树叶，它该多长啊？"

多多抬头看了看，又用手来回比划，实在难以回答。正好，前面不远处有一片落叶，多多和米娜跑过去，张开双臂丈量。

"一，二，三。"多多说，"据说一个人使劲张开双臂的长度就是他的身高，我的身高是150厘米。而这片树叶，竟然够我两臂之长的3倍左右。这样说来，一片枣椰叶就有4到5米长啊。"

"这还是短的呢。"跟易斯大叔也走了过来，说，"枣椰树和椰

子树的叶子差不多大小，成树后，可以长到6米左右。这两种树和棕榈树同属一科。"

"怪不得跟棕榈树极其相似呢，原来它们同宗同源啊。"米娜笑着说，"喂，多多，你对这种树难道没有什么印象吗？我是说，咱们好像在哪儿见过呢。"

"什么地方见过呢？"多多的眼睛来回地转动着，连声地说着，突然喊道，"米娜，是旅游指南的封面上。"

"上面有沙特的国徽。"米娜双手一翻，说。

"对对对。"多多说，"沙特国徽上面就画着一棵漂亮的绿色枣椰树，树下还有两把弯弯的宝刀！"

"路易斯大叔，树上的果实能吃吗？"米娜问。

"不仅能吃，而且很好吃呢。"路易斯大叔说。

"赶快帮我们摘几串下来吃啊，让我们品味一下这种神奇的果子。"多多着急得几乎跳起来。

　　"不过，现在不行。"路易斯大叔双肩一耸，无奈地说，"要想吃到成熟的椰枣，得等到9月份左右。"

　　"9月份？"多多扫兴地说，"为了吃到一颗枣，我还得等到9月份啊！"

　　"也许不必等那么久。"路易斯大叔说着，"你们看，谁来了？"

　　多多和米娜顺着路易斯大叔所指方向一看，又来了一支骆驼队。主人很热情，礼貌地跟路易斯大叔打着招呼。不过，他们这次讲的是阿拉伯语，多多和米娜面面相觑，一句也听不懂。多亏路易斯大叔是个天才，对阿拉伯语极其精通，所以对话一点障碍都没有。一番交流之后，沙特人送给路易斯大叔一大包东西。

　　"不会是一大包'沙漠玫瑰'吧，我们可真有点受不起了。"多多说。

　　路易斯大叔把大包放在树荫下，从里面取出金灿灿的果脯。别说吃了，就是看一看都让人直流口水。"这是天然晒干的椰枣，可以保鲜一年，这期间不会发霉，你们过来尝尝啊。"

　　米娜和多多各自捡了一粒放在口中，椰枣就像糖一样松软可口，非常美味。

　　"真甜啊。"这是米娜和多多共同的感觉，他们搜索遍大脑中所有的词汇，也没法描述椰枣的特点。

　　"是啊，椰枣确实太甜了，在它的内部，果糖就占三分之二，它的营养特别丰富呢。在外人看来椰枣是果品，沙特人却把它看作是粮食，肚子饿了，吃几粒椰枣，很管用呢。阿拉伯人对椰枣情有独钟，他们把椰枣称作是阿拉伯人的母亲。椰枣的用途很多，还是制糖和酿酒的原料，真是一物多用啊。"

"哦，真是太神奇了。"多多发出了惊呼。

多多吃了几颗，觉得不过瘾，还想吃，路易斯大叔拍了一下他的小手，说："小馋鬼，椰枣吃多了会伤身体的。"

"哈哈哈……"米娜笑了，笑得很灿烂，说，"路易斯大叔，树林欣赏完了，咱们该上路啦。"

"呜——"汽车启动了。三个深入沙漠腹地的旅游者，收获可真不少啊！